AF410944

THOMET,

OU

LE BROUILLAMINI,

PARODIE

EN UN ACTE

DE MAHOMET I.

DE

Mr. DE VOLTAIRE,

PAR M. C***

*Représentée pour la premiere fois sur le Théatre de * * * le 7 Mars 1755.*

A LONDRES,

M. DCC. LV,

ACTEURS.

ZOPIRE... LE BAILLI.

PHANOR... MATHURIN.

MAHOMET... THOMET.

OMAR...... ARLEQUIN.

SEYDE..... JANNOT.

PALMIRE... JAVOTTE.

SUITE D'AVANTURIERS.
SUITE DE PAYSANS.

La Scéne est chez le Bailli.

THOMET,
OU
LE BROUILLAMINI,
PARODIE.

SCENE PREMIERE.
LE BAILLI, MATHURIN.
LE BAILLI.

Q U I ? moi ? trembler au nom de cet avan-
turier ,
Et craindre un ignorant qui paſſe pour
ſorcier !
Parbleu , notre féal , vous nous la baillez belle ?
Il faudrait comme vous que je fus ſans cervelle.
S'il montre ici ſon nez , d'un bon brin de fagot ,
Je rabats le caquet de ce galant falot.

MATHURIN.
Palſangué c'eſt bian dit : mais , Monſieur , n'vous
déplaiſe ,

A ij

Vous en parlez ici tout-à-fait à votre aife :
Tout ce biau Jargon-là jadis était placé,
Mais le tems, com'dit c't autre, eft aujourd'hui
  paffé :
Et, malgré le courroux de votre ame enflammée,
Croyez-moi, que ce feu fe diffipe en fumée.
Quand Thomet dans les bois conduifait vos che-
  vaux,
Sans rien craindre on pouvait lui fracaffer les os ;
Mais morguienne à préfent la chance eft bian tour-
  née ;
Car, voyez-vous, depuis cette belle journée
Où de fes actions on lui bailla le prix,
C'eft-à-dire, en mots clairs, le poinçon de Paris,
Il eft, par la corbleu, devenu fier Gendarme,
Et par tout le pays fon nom feme l'alarme ;
Il fe fait redouter de tous les Laboureux,
Même comme un forcier on le fuit en tous lieux :
Queul maudit garnement ! fi vous faviez, not'maître,
Tout ce qu'on dit de lui ? ... fi morguié c'eft un
  traître ;
Et pour que des archers il n'ait point été pris,
Le Diable affurement eft de fes bons amis ;
Car le Diable, je crois aime affez la canaille.
Laiffez-le donc en paix, qu'il parte, & qu'il s'en
  aille.

LE BAILLI.

Moi ! le laiffer en paix, Allez, maître poltron,
Allez ramper fous lui ! ... Je jure par Mahon
Que fi je n'écoutais que ma vive colere,

Je vous . . . mais il fuffit : parlons de notre affaire.
Je ne garde à Thomet qu'un courroux éternel :
Le tour qu'il m'a joué, mon cher, eft trop cruel.
Je me fouviens encor de cette nuit obfcure,
Où d'un mafque effrayant affublant fa figure,
Il caufa tant de peur à ma pauvre Ifabeau.
Qu'il l'envoya tout droit de fon lit au tombeau ;
Et mes petits enfans couchés près de leur mere,
Furent alors auffi privés de la lumiere :
Car fans doute chargé de mes effets volés,
Il les a dans fa haine auffitôt immolés ;
Et depuis cet inftant, outré, faifi de rage,
A le fuivre par-tout j'ai montré mon courage.
» Les flambeaux de la haine entre nous allumés,
» Jamais des *mains* du tems ne feront *confumés.*
    à Mathurin qui éclate de rire.
A qui donc en as-tu ? parle, qui te fait rire ?

MATHURIN.

C'eft que je n'entens pas ce que vous voulez dire.

LE BAILLI.

Comment cela ?

MATHURIN.

    Comment ? fans être grand Docteur,
Je vais vous l'expliquer. Çà dites-moi, Monfieur,
Puifque l'tems a des mains, car je veux vous en
    croire,
Il doit donc à peu près, & la chofe eft notoire,
Il doit donc à peu près, ... acoutez, m'y voilà,
Être fait comme . . . moi ?

8   THOMET,

LE BAILLI.
                        Que prétens-tu par là ?
MATHURIN.
Que puiſqu'il a des mains faites comme les miennes,
J'en ai de même auſſi de ſemblables aux ſiennes :
Nous ſommes par ainſi ſemblables tous les deux...
Par cette reſſemblance... on conçoit tout au
      mieux....
Enfin... avec mes mains... j'éteindrai ma chandelle,
Mais pour la conſumer ?
LE BAILLI.
                        La remarque eſt très-belle.
MATHURIN.
N'eſt-il pas vrai, Monſieur, Je ſuis ravi, ma foi,
De voir que vous trouviez un peu d'eſprit en moi.
LE BAILLI.
Taiſez-vous, maître ſot, inſolent Pédagogue,
Sachez que ces grands mots ſont d'un Auteur en
      vogue,
Et qu'il vous convient mal de vouloir blaſonner
Ce que de grands Savans n'ont oſé condamner ?
MATHURIN.
Ma foi je crois auſſi qu'ils n'ont oſé prétendre,
Malgré leur grand ſavoir, à vouloir les entendre :
Et vous-même à préſent en parlez par dépit.
Un maître ne veut pas qu'ſon valet ait d'l'eſprit :
Cependant, Dieu marci, l'on ſait dans le village...
Mais, motus là-deſſus, j'n'en dis pas davantage.
Quoiqu'il en ſoit, Monſieur, que ces biaux flam-
      beaux-là

Soient éteints ou brûlés , j'm'en fouci' com'de çà ,
Pourvû que vous vouliez dans le fond de votre ame
En cacher pour un tems la ridicule flamme.
Car enfin quel plaifir de nous voir égorgés ?
Vot' femme & vos enfans feront-ils mieux vengés ?
Vous êtes le Bailli de tout notre Village ,
Parguié ménagez-nous , j'fommes votre héritage.

LE BAILLI.

» On ne perd les Etats que par timidité.

MATHURIN.

On fe caffe le nez par trop de farmeté.

LE BAILLI.

» Périffons s'il le faut.

MATHURIN.

    Tuchoux ! le bel ouvrage ,
Rengaînez , croyez-moi , ce funefte courage ,
Et pour avoir la paix rendez-lui fur le champ
La petite Javotte ; auffi-bien il l'attend.

LE BAILLI.

Moi ! lui rendre Javotte ? ah ! fa fimple innocence
N'aura plus de Thomet à craindre l'infolence.
Tu fais , cher Mathurin , que je n'ai plus d'enfans...
Je prétens la garder .... de certains mouvemens...
Ah ! fi par fon moyen ? ... une fecrette joie
Dans mon cœur attendri s'ouvre une douce voie.

MATHURIN.

Monfieur , je vous entens ; c'eft dire en bon français
Que vous êtes déja feru de fes attraits ;
Malgré fon air nigaud , la petite femelle
Enflamme votre cœur du feu de fa prunelle.

LE BAILLI.

Apprenez à vous taire ; & fachez qu'un Bailli
N'eft pas fait pour fouffrir un difcours fi hardi.
Il me ferait beau voir, Barbon fexagenaire,
Etudier mes airs pour effayer de plaire,
Et begayant des mots pillés dans feu Cyrus,
Aller d'un fade encens diftiller le Phébus ?
Je ne veux pas te dire encor ce que j'en penfe.
Laiffe-nous feuls ici : je la vois qui s'avance.

SCENE II.

LE BAILLI, JAVOTTE.

LE BAILLI.

NE craignez rien, Javotte, approchez, mon
      enfant.
Quoique l'on vous ait prife avec ce garnement,
Ce coquin de Thomet, vrai gibier de potence,
Je faurai protéger votre aimable innocence.
Parlez, & fi je peux fatisfaire vos vœux,
Foi de Bailli d'honneur, je ferai trop heureux.
Pourquoi vous taire ainfi ? Parlez avec franchife,
   JAVOTTE, *faifant une grande reverence.*
Dame, je crains, Monfieur, de dire une fotife.
     LE BAILLI, *bas.*
Que cet air ingenu doit paraître charmant !
Et qu'un aveu pareil eft bien rare à prefent !
Que j'en connais beaucoup fur la fcéne du monde,
                    Pétris

Pétris d'une ignorance orgueilleuse & profonde,
Qui voulant, en faveur d'un babil importun,
Passer pour gens d'esprit, n'ont pas le sens com-
    mun. . . .   *haut à Javotte.*
Çà çà, consolez-vous ; vous n'êtes point si sotte.
Ouvrez-moi votre cœur ; n'est-il pas vrai, Javotte,
Que lasse de courir les bois en loup-garoux,
Vous aimez beaucoup mieux vivre enfin parmi
    nous ?

    JAVOTTE, *faisant la révérence.*
Non.

LE BAILLI.

    Ainsi de Thomet vous voulez être femme ?
JAVOTTE, *faisant une très-grande révérence.*
Je ne suis pas pour lui, Monsieur, assez grand'-
    Dame.

LE BAILLI.

Ah ! qui que vous soyez, Javotte, sur ma foi,
Vous valez mieux que lui.

    JAVOTTE, *redoublant ses révérences.*
         Vous vous moquez de moi ;
Jusqu'ici j'ai vécu, sans connaître ma Mere,
A plus forte raison encore moins mon Pere.

LE BAILLI.

Eh quoi ! vous ignorez les noms de vos parens ?

JAVOTTE.

Un tel sort est, dit-on, commun à bien des gens.

                B

SCENE III.

MATHURIN, LE BAILLI, JAVOTTE.

MATHURIN, *accourant tout essoufé.*

Alerte, alerte.

LE BAILLI.

Eh bien! ici que viens-tu faire?

MATHURIN, *ricanant en montrant Javotte.*

Finir votre embarras, & vous tirer d'affaire ;
Car je crois que sans moi, votre froid entretien
Aurait languissamment duré jusqu'à demain....
Mais j'ons itou, Monsieur, un' chose à vous ap-
　　　prendre, 　　　*Montrant Javotte.*
Et que vous n'savez pas ... Parguié faudra la rendre.
Car le v'la qu'il arrive. Il est au p'tit sanquier,
Qui va, com'vous savez, tout droit au grand
　　　quarquier.

LE BAILLI.

Qui? quoi? qu'est-ce? après?

MATHURIN.

C'est notre ancien Sonneux.

LE BAILLI.

Arlequin?

MATHURIN.

Oui, lui-même.

LE BAILLI.

Arlequin en ces lieux?
Que diable me veut-il?

MATHURIN.

Je n'en fais rian ; n'importe.

LE BAILLI.

Vous deviez, Mathurin, lui refufer la porte,
Et ne le point ainfi laiffer entrer chez nous.

MATHURIN.

Il nous a fait fi peur que j'avons fui tretous.

Oh, qu'il a l'air mauvais ! c'eft un gaillard, mor-
       guienne,

Qui bientôt, malgré vous, vous f'ra changer
       d'anquienne.

Monfieur, il eft armé tout comme un Maraudeur.

L'havrefac, le fufil... Palfanguié j'ons eu peur.

Mais pour vous enjoler, il amene à fa fuite

Un certain grand flandrin, dont la meine hipocrite,

Le parler Bas-Normand, & le maintien d'un fot,

Ne me fent pas trop bon : il s'appelle Jannot.

JAVOTTE, *avec vivacité.*

Jannot ! Jannot ! j'y cours.

Javotte court jufques à la moitié du Théatre, puis fe retourne
vers le Bailli & Mathurin qui la regardent ; leur fait à
chacun une révérence & s'enfuit.

SCENE IV.

LE BAILLI, MATHURIN.

MATHURIN.

Tudieu ! comme alle trote !
On dirait que le fot intéreffe la fote ?

LE BAILLI.

Paix : Je vois Arlequin.... Déeſſe du Barreau ;

Arlequin avec ſon habit de caractere, un tonnelet à la Ro-
maine par-deſſus, un Havreſac ſur le dos & armé d'un
fuſil, s'avance juſques au milieu de la ſcéne ; il prend dif-
férentes attitudes pour écouter le Bailli, qui tourné vers
la cantonade, continue ſon couplet avec enthouſiaſme.

O toi qu'avec tant d'art embrouille le Manceau ;

Toi qu'on nomme toujours & qu'on ne connaît
  guére ;

Toi qui ſais diviſer le fils d'avec le pere ,

Toi que l'on fraude à Caën, & qu'on paye à Paris,

Juſtice.

A ce mot Arlequin effrayé laiſſe tomber le fuſil ſur lequel il
était appuyé ; le Bailli & Mathurin font de peur mi-tour
adroit ; Arlequin ramaſſe ſon fuſil & s'avance fiérement.

SCENE V.

LE BAILLI, MATHURIN, ARLEQUIN.

ARLEQUIN.

Pardonnez, ſi mes pas étourdis
Suſpendent dans ſon cours votre vive éloquence;
Mais elle eſt déplacée, ou du moins je le penſe ;
Et je me laſſe enfin d'écouter comme un ſot
Un diſcours qui devrait finir au premier mot.

LE BAILLI.

Tu revois donc enfin le Clocher d'un Village ,
Où tant de fois ton bras ſonna pendant l'orage ?
Ne te ſouvient-il plus que tu ſûs par ces ſons
Diſſiper le tonnerre & ſauver nos moiſſons ?

Malheureux garnement, échappé de la corde,
Toi qui viens m'interrompre en mon brillant
 exorde,
» Miniſtre d'un Brigand, que l'on dût opprimer,
» Parle, que me veux-tu ?

ARLEQUIN.

 Je voudrais t'aſſommer.
Entre nous, notre ami, ſi ce n'était ton âge,
Je pourrais bien ici corriger ce langage.

MATHURIN, *bas.*

L'un & l'autre paraît également mutin ;
Je vois que la diſpute eſt en aſſez bon train :
Comme à reſter debout j'aurais mauvaiſe grace,
Cherchons donc pour dormir quelque commode
 place. *Il ſe couche.*

ARLEQUIN.

Ne ſois donc plus ſi fier, & viens vîte baiſer
La main, qui d'un revers eſt prête à t'écraſer.
De nos Coupes-jarets la cohorte mutine
Se cache prudemment dans la forêt voiſine,
Attendant pour ſignal le moment où Thomet
Anime leur valeur du bruit de ſon ſiflet.
Alors, ayant vuidé tes dernieres bouteilles,
Sans façon ils pourraient te couper les oreilles,
Puis mettant le village à contribution,
Te riſſoler toi-même en ta propre maiſon,
Et non contens encor d'une telle grillade,
Faire des Habitans une capilotade.
Ne nous contraints donc pas à devenir mauvais ;
Touche-là, vieux Barbon, taupe & vivons en paix.

Il met son havresac par terre, & en tire ce qu'il y a dedans.

Tiens, pour te mieux prouver que Thomet te
      pardonne,
Voilà quelques présens qu'il veut que je te donne:
Ce font douze pigeons, & quatre chapons gras,
Un fromage de Brie, & de bon hypocras.
Laisse-là le Barreau, vîte, & nous accompagne.
Cent procès valent-ils notre moindre campagne?
Toujours crochet garni, toujours vuidant le Piot;
Ma foi, vivre autrement est vivre en Idiot.
Dans notre Compagnie il faut que tu t'enrôles,
Envoie au Breniquet les Cujas, les Bartoles;
Morbleu, vive la joie! allons, Mons du Bailli,
Rendons vîte Javotte, & décampons d'ici.

LE BAILLI.

Si j'étais assez fort, tu verrais que peut-être,
Je t'aurais déja fait fauter par la fenêtre....
Je veux bien avec toi parler un peu raifon.
Je fais, qu'au fond du cœur plus gourmand que
      fripon,
Tu n'eus point de Thomet écouté l'injuftice,
S'il n'eût de Macarons ouvert le précipice.
Regle ta gourmandife, & d'un fage coup d'œil
Voi que de ton mérite elle est le trifte écueil.
Voi quel est ce Thomet à qui tu rends hommage?
Il foigna mes chevaux fix ans dans ce village;
Se mariant enfuite, il fit accroire aux fots
Que le diable chez lui venait à tous propos.
Tu le vis à mes piés écoutant fa Sentence,
Conjurer, mais en vain, du Bourreau la clémence,

Et le dos découvert, divertir jufqu'au bout
Les enfans qui fuivaient & comptaient chaque coup.
Depuis ce châtiment, trop léger pour l'infame,
Déferteur de ménage, effronté Poligame,
De forêt, en forêt, la nuit comme le jour,
Il traîne infolemment fa honte & fon amour.
Tel eft, cher Arlequin, ce malotru, ce traître,
Dont tu fuis la cuifine, & que tu fers en maître !
Toi-même je t'ai vû fur ce fiéfé coquin,
Courir avec ardeur & fonner le tocfin.
Faut-il que d'un ragoût la groffiére fumée
Terniffe ainfi l'éclat de tant de renommée ?
» S'il étoit innocent, pourquoi l'as-tu puni?
» Mais s'il eft criminel, pourquoi l'as-tu fuivi ?

ARLEQUIN.

La queftion eft bonne, elle eft jufte, elle eft vive.
Je ne m'attendais plus à cette alternative ;
Mais fans pour te répondre inventer des raifons,
Allons coucher en broche, & gruger nos chapons.

LE BAILLI.

Penfes-tu m'éblouir par tes vaines promeffes ?
Ou crois-tu qu'un Bailli gagné par tes largeffes,
Vende pour des chapons fon honneur & fa foi ?
Va, tes honteux préfens font indignes de moi ;
On ne dira jamais que j'ai livré Javotte
Pour des pigeons volés, fuffent-ils en compote !

ARLEQUIN.

Tu me parles toujours en Juge rechigné
Qui fort de l'audience & qui n'a rien gagné ;
Sais-tu bien après tout que fi j'entre en colere

Nous te ferons, morbleu, chanter d'autre maniere;
Et que Thomet ici viendra brutalement
Te faire entre deux yeux un mauvais compliment ?

LE BAILLI.

Qu'il vienne, je l'attens; & malgré mon grand âge,
J'animerai sur lui tous les gens du Village.
Viens m'aider, Mathurin... peste soit du ronfleur !
Ne peux-tu pour dormir choisir un tems meilleur?

MATHURIN.

Pendant que vous jasiez je n'avois rien à faire;
Et comme je n'étois ici que pour me taire,
J'ai pensé qu'en dormant je me tairais bian mieux.

LE BAILLI.

Vien m'aider à chasser ces marauts de ces lieux.

Mathurin & Arlequin font un jeu de Théatre ; le premier
pour escamoter les chapons, & Arlequin pour l'en empêcher.

SCENE VI.

ARLEQUIN *seul.*

CÉt entêté Vieillard n'en voudra point dé-
mordre,
Et pourra nous donner bien du fil à retordre...
Mais j'entrevois venir Javotte avec Jannot :
Je les laisse, & je vais préparer mon complot.

SCENE

SCENE VII.

JAVOTTE, JANNOT.

JAVOTTE.

AIR *du Barbari.*

*E*Nfin je te revois, Jannot,
Que mon ame eſt ravie?

JANNOT.

On m'a vû pleurer comme un ſot
Depuis qu'on t'a ravie :
Mais dis-moi de quelle façon,
La faridondaine, la faridondon,
On oſe te traiter ici,
Biribi?

JAVOTTE.

A la façon de Barbari,
Mon ami.

AIR. *La mort de mon cher pere.*

Avant que ta préſence
Vint de mon déſeſpoir
Calmer la violence,
Jannot, tu m'eus pû voir
En proie à la triſteſſe
Qui dévore mon cœur,
Conjurer la tendreſſe
De mon fier Raviſſeur.

C

AIR *des fleurettes.*

Vous voyez bien, lui dis-je,
Que mon teint est pâli ;
Le sujet qui m'afflige,
Monsieur, est loin d'ici :
Comme une tendre Fauvette,
Qu'on arrache à ses amours,
Vous m'entendez nuits & jours
Gémir seulette.

Mais hélas, insensible à tous mes beaux discours,
Il prétend qu'avec lui je resterai toujours :
Que jamais à Thomet il ne voudra me rendre,
Je ne sais ce qu'il veut … mais il me fait entendre
Qu'il prétend avec moi... Dame, il parle d'enfans,
Et moi je n'entens rien à tous ses complimens.

Javotte pleure, Jannot tire son mouchoir & lui essuie les yeux.

JANNOT.

AIR. *Ma mie Babichon.*

Consolez-vous donc,
Thomet, Arlequin
Vont nous tirer de peine ;
Et moi-même aussi,
Si je ne crains rien,
Je m'en mêl'rai peut-être.

AIR. *L'autre jour par une vitre.*

Quand on m'échauff'la cervelle
Je suis têtu comme un mulet,
Et d'abord,

Tout auſſi mauvais qu'un autre,
Je frappe à tort comme à travers!
A Jannot ſi quelqu'un ſe joue,
On verra s'il a les mains gourdes.
A poing fermé,
Sans dire un mot,
Auſſitôt je l'aſſomme!

SCENE VIII.

JAVOTTE, JANNOT, ARLEQUIN.

ARLEQUIN.

Courage, mes enfans : oui, Thomet vient ici
Vous arracher des mains de Monſieur le Bailli.
Vous ſerez délivrés, ayez bonne eſpérance.

JAVOTTE.

Ah! Monſieur Arlequin, ayez la complaiſance
De nous faire à tous deux un recit de cela.

ARLEQUIN.

Parbleu, vous l'entendez! ai-je donc ce tems-là?
Faut-il auſſi qu'ici, ſur un ton emphatique,
Ornant des riens pompeux en ſtyle pathétique,
J'aille, en m'égoſillant, quêter des brouhahas,
Et d'un geſte preſſé me démettre les bras?
Cependant pour donner à Thomet que j'améne,
Le tems de s'avancer fierement ſur la ſcéne,
Je vais vous procurer l'inutile plaiſir

De voir, les bras croifés, comme on va m'applaudir,

Il touffe.

Sous cet orme fameux, dont l'antique branchage
Couvre les alentours de fon fombre feuillage,
Notre empreffé Bailli, comme un nouveau Caton,
Excitant la lenteur d'un autre Ciceron,
Juché fur un billot qui lui fert de tribune,
Haranguait contre nous la canaille importune.
Je le vois. Je m'avance : & le Diable, à propos
Agitant mon gofier, en fait fortir ces mots.
Paix, Manans ; qu'on m'écoute. Auffitôt en filence
On me fait place : j'entre & je prens ma féance.
Alors, continuant toujours du même ton,
Ce Thomet fi fameux, favori du Démon,
» Ce grand homme, ai-je dit, « qui tourne la ba-
    guette,
Qui des tréfors perdus fait la cache fecrette,
Vient-il enforceler vos chevres, vos agneaux ?
Il vient vous dire à tous fes fecrets les plus beaux,
Il vient à vos enfans montrer fon art fublime :
Répondez, vous inftruire, eft-ce commettre un
    crime ?
Plus d'un fot à ma voix a paru s'émouvoir.
Chacun croyait déja tenir en fon pouvoir
De ces tréfors perdus les efpéces rouillées ;
De cet avare efpoir leurs cervelles brouillées
Me promettaient déja les plus heureux fuccès.
Pour couronner enfin ma gloire & mes projets
En dépit du Bailli, j'intimide, j'exhorte.
Thomet vient : fur fes pas on fe preffe, on fe porte.

Le vieux Bailli s'enroue à force de crier ;
L'un croit voir un Héros, l'autre voir un Sorcier :
Celui-ci de bon cœur tout bas le donne au diable ;
Celui-là le ménace, & tranche du capable ;
A ses piés prosterné, cet autre plus poltron,
Le conjure en tremblant d'entrer dans sa maison.
Du maussade Bailli la cabale impuissante
Ronge en secret le frein de sa rage expirante......
Vous eussiez vû Thomet, qui, le sabre à la main,
Contenait la fureur d'un vieillard trop mutin.....
Dans mon palais seché la salive tarie,
Ne me permettant plus le ton de Tragédie,
Je finis à ces mots mon recit important....
A ce geste.... donnez votre applaudissement.

SCENE IX.

JAVOTTE, JANNOT, ARLEQUIN, THOMET, *Suite.*

THOMET *à sa suite qu'il fait ranger sur une ligne.*

Approchez mes enfans, venez que je vous compte.
Sans chagrin, Tout-à-bas ; deux, trois, bon c'est mon compte.
Retournez au Buffet du bon homme Bailli.
Faites couler son vin, je suis le maître ici.

UN DE LA SUITE.

Maugrebleu, notre Maître, était-ce donc la peine

De venir de fi loin embarraffer la fcéne ?
THOMET.
Tu raifonnes, je crois ? Monfieur du difcoureur,
Je n'aime point du tout quiconque eft raifonneur.
Sachez que devant moi l'on doit être en filence ;
J'agis comme il me plaît.. , ... toujours fans
     conféquence.   *Ils fortent.*

SCENE X.

THOMET, JANNOT, JAVOTTE, ARLEQUIN.

THOMET.

Vous ? Jannot, en ces lieux ?
     JANNOT, *tout tremblant.*
         C'eft Monfieur Arlequin,
Qui m'a dit comme çà de lui donner la main ;
Moi, je ne voulais pas, mais d'un air effroyable
Quand j'ai vû ce matin, Monfieur, ce maître diable,
Qui, dit-on, obéit à votre augufte loi,
Nous porter la lanterne, & marcher devant moi,
J'ai crû que, fans rien craindre, on pouvait en-
     treprendre
De prévenir votre ordre.
        THOMET.
         » Il eût fallu l'attendre.
Deformais, petit fot, fachez mieux obéir ;
Mon diable ainfi que vous ... êtes faits pour fervir.

JAVOTTE *careffant Thomet.*

Ne le grondez donc pas, Monfieur, faites-lui grace.
Il m'aime, voyez-vous, mettez-vous à fa place.
Quand on eft amoureux on eft impatient.
Allons, Monfieur Thomet, le mal n'eft pas fi grand.
Un quart d'heure de plus n'eft qu'une bagatelle,
Et, fi cette action vous paraît criminelle,
La peine n'en doit pas retomber fur Jannot,
Car Monfieur Arlequin eft l'auteur du complot;
Il fe méle toujours de ce qu'il n'a que faire :
Vous auriez dû fur lui tourner votre colere.

THOMET.

Javotte.... c'eft affez. Je vois ce qu'il vous faut;
La belle, croyez-moi, ne criez pas fi haut ;
Vous pourriez attraper quelque bon mal de gorge,
Et pour le prévenir prenez ce fucre d'orge :
Allez. Et vous, Jannot, fi je vous ai fait peur ;
Vous devez vous en prendre à ma mauvaife humeur.
Suivez vos compagnons. Travaillez à ma gloire,
Souvenez-vous tous deux que c'eft moi qu'il faut
    croire....
Mais en m'obéiffant, redoutez le Bailli.

SCENE XI.

THOMET ARLEQUIN.

THOMET.

REfte, brave Arlequin. Peut-être, mon ami,
Que d'un honteux Gibet le revers ordinaire

Va suspendre ma course & borner ma carriere.
Ne donnons point le tems aux archers déroutés
D'apprendre que je suis dans ces lieux écartés.
La terreur de mon nom effraye le vulgaire.
Je passe pour sorcier. De ce bruit populaire
Sachons adroitement faire notre profit.
Les sots doivent nourrir quiconque a de l'esprit.
Mais, tandis que des miens l'adresse & le courage
Vont briller aux dépens des riches du village,
Que dis-tu de Javotte, & que pense Jannot?

ARLEQUIN.

Non, jamais je ne vis un animal plus sot.
Javotte est aussi simple, & tous deux avec joie
Feraient pour te servir de la fausse monnoie.
Un seul de tes regards les rend tout ébaubis.

THOMET.

Arlequin, je n'ai point de plus grands ennemis;
Et le Bailli leur pere . . .

ARLEQUIN.

    Oh! point de confidence.
J'ai de tous tes secrets entiere connaissance,
Ou je dois bien l'avoir, tout au moins je le crois;
Depuis près de six ans que je suis avec toi,
Comment diable veux-tu que quelqu'un puisse croire
Que tu ne m'as jamais raconté ton histoire?
Penses-tu que je sois de ces froids Confidens
Qu'au Théatre l'on voit endormir tant de gens?

THOMET.

Mais sais-tu que Thomet porte au fond de son ame
Les charmes de Javotte écrits en traits de flamme?
       ARLEQUIN.

ARLEQUIN.

Mais fais-tu, mon ami, que ce piteux jargon,
Quand il faut fe roffer, eft très-peu de faifon?
Et ne conçois-tu pas que l'aveu puérile
Que tu me fais ici d'un amour inutile
Nous fait perdre pour rien notre tems à jafer?

THOMET.

Eh! quoi donc, tous les deux ne pouvons-nous caufer
Et faut-il pour fi peu me couper la parole?

ARLEQUIN.

Parler & ne rien faire eft en effet ton rôle.
Moi, me mêler de tout eft aujourd'hui le mien.
Je vois, j'agis, je cours, & ... dans peu je revien.

SCENE XII.

THOMET, LE BAILLI.

THOMET.

Au diable le maroufle avec fa remontrance....
Salut, Mons du Bailli, trêve de révérence.
Ne tremble point, bon homme, & parle fermement

LE BAILLI.

Je tremble pour toi feul, infame!

THOMET.

               Oh! doucement.
Tu me parais un peu par trop fujet à l'ire :
Adoucis, s'il te plaît, le chagrin qui t'infpire.
Si j'avais à parler à d'autre qu'au Bailli

D

Je l'aurai d'un foufflet bientôt anéanti.

Mais je te parle franc : » nous fommes feuls; écoute.

Je ne vaux pas grand'chofe , & tout homme , fans
    doute ,

S'il s'examine bien , du petit jufqu'au grand ,

Peut fe mettre à peu-près , je crois, au même rang.

Joins-toi donc avec moi , la chofe eft néceffaire ;

Jette tes facs au feu : quel bien t'ont-ils pû faire ?

Un fimple écu d'épice, & très-fouvent bien moins,

Eft l'indigne tribut dont on paye tes foins.

La craffe des papiers rend un homme ftupide ;

Morbleu , dans mon métier il faut être intrépide ;

» Je forme des Héros !

LE BAILLI.

                    Dis plutôt des voleurs.

Si tu veux une dupe, il faut chercher ailleurs.

Va vanter tes fecrets aux forêts où tu regnes ;

C'eft-là que tu verras, fous de triftes enfeignes ,

Tes égaux, par mon ordre, aux chênes fufpendus.

THOMET.

» Des égaux ! dès long-tems ma foi je n'en ai plus...

Bailli , foyons amis ; c'eft moi qui t'en conjure ,

Oublions le paffé , cede à la conjonéture.

LE BAILLI.

A ce honteux marché quel Dieu me contraindra ?

THOMET.

J'en porte un avec moi.

LE BAILLI.
Qui ?

THOMET.
                    Ce fabre là.

LE BAILLI.

Va, va, Thomet, avant qu'un tel nœud nous uniſſe,
On verra les plaideurs contens de la juſtice ;
Le ſincere Gaſcon avouer franchement
Que ſa bourſe expirante aſpire après l'argent ;
Collé ſur la Gazette, un maigre politique
S'enrichir en voulant changer la République ;
Une vieille coquette, en dépit de ſes ans,
Refuſer de payer l'opprobre des Galans ;
Un Financier modeſte, au ſein de l'opulence,
Connaître ſes amis, parler de ſa naiſſance,
Se faire, ſans rougir, un juſte point d'honneur
De ne point oublier ſon ancien Protecteur ;
Alors on pourra voir un auteur débonnaire
S'en tenir, ſans appel, aux arrêts du Parterre....
» Qui formerait ce nœud ? le ſang de mes enfans ?

THOMET.

Oui, ce ſont tes fils même, ils ſont encor vivans.

LE BAILLI.

Tu n'aurais point ſur eux étendu ta colere ?

THOMET.

Je ne les punis point des ſotiſes du Pere,
Et tu peux les ravoir.

LE BAILLI.

Je le puis ! Ah ! dis-moi,
Comment ? par quel moyen ?... tous mes biens ſont
à toi.

THOMET.

Je n'en ai pas beſoin. Quitte ton auditoire,
Suis-moi, prens le mouſquet au lieu d'un écritoire.

LE BAILLI.

Je suis pere, ou du moins sur la foi d'Isabeau
Je crois pouvoir prétendre à ce titre si beau ;
Mais s'il faut déserter mon Greffe ou le Bailliage ;...
Connais-moi ... je mourrai le Bailli du Village.
Adieu !

SCENE XIII.

THOMET *Seul.*

BOn soir. Morbleu , notre petit Bailli ,
Vous verrez si Thomet a le bras engourdi !
Et puisque tu le veux , Barbon inexorable ,
Ventrebleu ! je vais faire un vacarme de diable.

SCENE XIV.

THOMET, ARLEQUIN.

ARLEQUIN.

OUi, Thomet, il le faut, où nous sommes pen-
dus :
A beaux deniers comptans la Fleur nous a vendus.
Plus que jamais , ami, que ton art fasse rage ;
Voici le tems enfin de montrer ton courage.
Le traître de la Fleur divulgue ton secret ;
Ta vie est en danger , & le gibet est prêt.

THOMET.

Pour éviter la danse , ami, que faut-il faire ?

ARLEQUIN.

Tu connais de Jannot l'hébêté caractere ;
Bientôt nous allons voir du trouble , du fracas,
D'un manche de ballai je viens d'armer son bras.
Je veux que profitant de la nuit qui s'avance,
Il daube ce vieillard en homme d'importance ;
Et que sans le savoir, il livre à ta fureur
Celui qui de ses jours est le maudit auteur.

THOMET.

Par ma foi tu vaux trop , car sans toi je te jure
J'aurais saigné du nez dans cette conjoncture....
Qu'un héros est heureux lorsque son confident
Le tire d'embarras, & cela sur le champ...
Je veux en quelque chose avoir part à l'affaire ,
Et détourner de moi les soupçons du vulgaire.

ARLEQUIN.

Ne crains point les effets d'une telle action ;
J'ai fait prendre à Jannot certaine potion ,
Qui, sauvant ton honneur, garantira ta vie
Sous le nom effrayant d'un secret de magie.
Mais j'apperçois Javotte : elle vient en ces lieux ;
Je vais tout préparer , babille si tu veux.

SCENE XV.

THOMET, JAVOTTE.

JAVOTTE *d'un air agité, arpentant le théatre.*

JE ne sais où je vas !... mais j'ai peur de mon ombre ;
Je crains de rencontrer quelque sinistre encombre...

Mon Serin , mon Moineau ne veulent plus manger ;
Tout femble m'annoncer que je fuis en danger ;
Je ne puis effuyer ces pleurs où je me noie....
C'eft vous qu'à mon fecours exprès le diable en-
     voie ....
Seigneur ! Jannot ! . : .,

THOMET.

               Eh bien ! Pourquoi ce défefpoir ?
Et qu'avez-vous befoin d'étaler ce mouchoir ?
Quand je fuis quelque part peut-on craindre à ma
     fuite ?

JAVOTTE.

Ah bon Dieu quels regards! j'en fuis toute interdite :
Loin de me raffurer , ce ton de voix , Monfieur ,
Me fait glacer le fang , il augmente ma peur ;
Jamais je ne vous vis faire ainfi la grimace.

THOMET.

» Je le devrais du moins... Ofez-vous bien en face,
Petite Peronelle , avec cet air pincé ,
Me faire de vos feux un aveu déplacé ?

JAVOTTE.

Quand vous-même en tout point avez conduit l'af-
     faire ,
Je penfe que pour vous ce n'eft point un myftere.
Vous approuviez tantôt mon amoureux tranfport ;
Pourquoi donc à préfent vous en fâcher fi fort ?

THOMET.

Paix là.

JAVOTTE.

Comme les yeux lui roulent dans la tête.

Monſieur , êtes-vous donc mordu de quelque bête?
De grace devant moi n'allez point enrager ;
Car d'honneur je n'ai pas voulu vous outrager ,
J'en jure par Jannot.

THOMET.
Tête-bleu !

JAVOTTE.

Je ſuis morte.
A qui donc en a-t'il pour jurer de la ſorte ?

THOMET.
Allez , raſſurez-vous ; car tout ce que j'en fais
N'eſt que pour éprouver vos ſentimens ſecrets.
Sortez.

JAVOTTE.
Monſieur ?

THOMET.
Eh bien ?

JAVOTTE.
N'ayez donc , je vous prie ,
De m'effrayer ſi fort jamais aucune envie.

SCENE XVI.

THOMET *ſeul.*

EH, bien mon cher Thomet, quel ſot rôle
    fais-tu ?
'ar ſon air innocent te voilà confondu !
t pourquoi diable auſſi vas-tu , comme une bête,
'e fourrer ſans raiſon cet amour dans la tête.

Quoi ! ne pouvais-tu pas, sans paraître amoureux,
Faire agir en secret les ressorts que tu veux ?
Maudit soit de l'amour, qui froidement m'amene
Pour jouer le Jaloux, & brailler sur la Scéne.
Ne ferais-je pas mieux d'aller en ce moment
Seconder par mes coups mon actif Confident ?
Sans doute, je le sens ; mais l'usage l'emporte,
Et je dois jusqu'au bout ennuyer de la sorte.
Jannot vient, & je vais, en tranchant du Gascon,
Reprendre mon air rogue & rehausser mon ton.

SCENE XVII.

THOMET, JANNOT.

THOMET.

Vous qui de mes projets avez la connaissance,
Tout est-il prêt ? parlez.

JANNOT.

　　　　　Oui, Monsieur, que je pense.
Arlequin dans mes mains a remis ce bâton,
Pour étriller quelqu'un dont j'ignore le nom.
Il m'a dit que vous seul prétendiez me l'apprendre,
Nommez-le moi donc vîte, ici je vais l'attendre.
Parlez, quel est celui que je dois bâtonner ?
Dame, je plains son dos, c'est à vous d'ordonner.

THOMET.

Celui que dans ces lieux je veux que l'on bâtonne,
　　　　　　　　　　　　　　Est

Eſt celui qui jadis fit marquer ma Perſonne ;
Qui j'amais n'a ceſſé d'être mon ennemi,
Pour tout dire en un mot… c'eſt… ; Monſieur le
    Bailli.

J A N N O T.

Lui !

T H O M E T.

Lui-même.

J A N N O T.

Il eſt….

T H O M E T.

Quoi ?

J A N N O T.

Si….

T H O M E T.

Je….

J A N N O T.

Mais….

T H O M E T.

    Téméraire ;
On me rompt en viſiere, alors qu'on délibere.
Vous voulez, mon ami, faire ici le quelqu'un ;
Je ne veux pas chez moi qu'on ait le ſens commun.
» Quiconque oſe penſer n'eſt pas né pour me croire ;
Cet article eſt au long couché dans mon Grimoire ;
Et je l'ai mis d'après un auteur très-fameux….
Savez-vous qui je ſuis, mortel audacieux ?
Savez-vous, dites-moi, ſavez-vous où vous êtes ?
Répondez, ſavez-vous quels ſont mes interprêtes ?
Savez-vous que ces lieux ſont ſoumis à ma loi ?

Savez-vous qu'on m'y craint, & savez-vous pour-
　　quoi?...
Je veux bien en deux mots vous en dire la cause.
De mon quatrisayeul la cendre ici repose ;
Et ce quatrisayeul fut, dit-on, dans son tems
Un gaillard qui jamais.... Il suffit je m'entens....
» Lâche & faible soutien de mon pouvoir suprême,
» Le *bâton* que tu tiens va tomber sur toi-même.
Fuyez, servez, rampez.

　　　　JANNOT se jettant à genoux.

　　　　　Non, Monsieur, j'obéis.

SCENE XVIII.

JANNOT *seul.*

IL a le diable au corps!... Je ne sais où j'en suis!...
Mais à cet argument je n'ai rien à répondre !
Sa derniere raison suffit pour me confondre....
Bâtonner un vieillard sur le bord du tombeau,
Sans armes, sans appui, cela n'est pas trop beau !...
N'importe, la brebis qu'on traîne à la tuerie,
Sans aucune défense y tombe & perd la vie....
Venez à mon secours, ô vous, de qui les bras
A des milliers de bœufs ont donné le trépas ;
Inspirez vos fureurs à mon ame tremblante,
Assurez ce bâton dans ma main assommante ;
De paisibles moutons, fiers exterminateurs,
Bouchers, cruels Bouchers, qui de sang amateurs,

Egorgez, fans frémir, l'innocente geniffe...
Venez prendre ma place, & faites mon office !

SCENE XIX.

JANNOT, JAVOTTE.

JANNOT.

Javotte, que veux-tu ? Pourquoi courir fi fort ?..
Comme elle étend les bras !... avez-vous le tranfport ?

JAVOTTE.

Le diable me pourfuit !... La frayeur eft mon guide!
Ouf! ouf! ahi! ahi!

JANNOT.
  Comment ?

JAVOTTE.
    Tout m'intimide !
Tu vas donc obéir au grimoire, à Thomet ?

JANNOT.
Javotte, je ne fais, car il ne m'a rien fait.
Parlez-moi franchement, confeillez-moi vous-
 même,
Je doute fi je dois...

JAVOTTE.
   » Le doute eft un blafphême !
» Tremblons d'examiner !... à l'aide du démon,
Thomet fait ce qu'on penfe, il n'entend point raifon.

 JANNOT *courant vers le fond du Theatre.*
J'obéirai.

JAVOTTE *l'arrête.*

J'ai peur !

JANNOT *revenant sur ses pas.*

Moi, Javotte, je tremble !

JAVOTTE *le tenant par la manche.*

Ne t'éloignes donc pas ; marchons toujours ensem-
ble. . . .

Mais pour qui ce bâton ?

JANNOT.

Pour Monsieur le Bailli.

Mais, dis, qu'en veux-tu faire ?

JAVOTTE.

» Ah, Jannot, Je frémi !

JANNOT.

» Je t'entens, son Arrêt est sorti de ta bouche.

JAVOTTE.

» Qui? moi?

JANNOT.

» Tu l'as voulu !

JAVOTTE.

Mais voyez cette souche !

T'en ai-je dit un mot ?

SCENE XX,

La Ferme s'ouvre, & le Théatre repréfente un jardin, dans l'enfoncement duquel il y a un banc.

JAVOTTE, JANNOT, LE BAILLI.

LE BAILLI *en bonnet de nuit, s'avançant doucement une lanterne à la main.*

JE crains que ces marauds
Ne viennent me voler mes choux & mes poireaux.
Pendant que Mathurin veille dans la cuifine,
Je veux veiller ici.

JANNOT.

Je l'entends qui rumine.

LE BAILLI *s'affied fur le banc.*

Javotte, fi j'en crois mes fecrets fentimens,
Vous pourrez quelque jour me rendre mes enfans !

JANNOT.

Il ne t'en fera point ! ... Je veux ...

JAVOTTE.

» Que vas-tu faire?

JANNOT.

Punir un vieux Bailli qui croit pouvoir te plaire
Marchons .... Javotte !

JAVOTTE.

Eh bien ?

JANNOT.

Vois-tu ces Revenans ?

Comme ils danſent là-bas avec leurs habits blancs !

JAVOTTE.

Je ne vois rien du tout.

JANNOT.

Aurais-je la berlue ?

Voyons donc de plus près...j'ai ſi peur que j'en
    ſüe !

N'importe, il faut marcher....mettons-nous en
    courroux.

Marchons...Javotte !

JAVOTTE.

Eh bien ?

JANNOT.

Mettez-vous à genoux,

Je vais frapper !

JAVOTTE.

Jannot !

*Jannot s'avance juſques auprès du banc ſur lequel il donne
    de grands coups de bâton.*

LE BAILLI *tombant à la renverſe.*

O voleur ! on me tue !

JANNOT *revenant d'un air inſenſé, riant
    & pleurant.*

Qui m'appelle ?... Javotte... hélas elle eſt perdue !..
Où ſuis-je donc ?

JAVOTTE.

Grand Dieu ! Dieu protecteur des fous,
Ne troublez point l'eſprit de mon futur époux.

JANNOT.

J'entens quelqu'un ici qui babille & qui cauſe.

JAVOTTE.

D'où viens-tu ?

JANNOT *pleurant.*

Je ne sais.

JAVOTTE.

Qu'as-tu fait?

JANNOT *riant.*

Pas grand' chose.

Pathetique de recit.

Du bâton que je tiens j'ai mesuré son dos,
Et j'ai pris mon élan pour lui rompre les os.

Enthousiasme de recit.

J'ai vû du premier coup son antique perruque,
Laisser à découvert son crâne trop caduque;
Hardi comme un dragon, sur ses reins recourbés
Bien à plomb mes deux bras coup sur coup sont
　　　tombés.

Effrai de recit.

J'allais continuer.....mais je crois que le diable
Jamais dans les enfers n'a jetté cris semblable.

D'un air niais.

Puis il m'a regardé tout je ne sais comment;
Moi, je me suis enfui penot, & bien tremblant.

Riant.

Il doit avoir, ma foi, l'échine bien moulue.

Pleurant.

Mais j'ai manqué mon coup, car il s'offre à ma vûe.

JAVOTTE *courant soutenir le Bailli.*

Ah, Jannot! j'ai pitié de ce pauvre vieillard.

JANNOT *riant.*

Quoi tu vas soutenir ce maudit Béquillard?

SCENE XXI.

LE BAILLI, JANNOT, JAVOTTE, MATHURIN.

MATHURIN *armé d'une Broche & d'une Léchefrite.*

Morguié qu'est-c' que je vois ? voilà bian du carnage !

LE BAILLI.

Jannot & son bâton ont causé cet orage.
Il m'a roué de coups !

MATHURIN.

         Fi, le petit Coquin,
Q'ia battu son Papa !

LE BAILLI.

         Que dis-tu Mathurin ?

MATHURIN.

La Fleur en chopinant m'a conté le mistere :
Maudit batteux de gens, connaissez votre Pere.

JANNOT.

Qui ?

MATHURIN.

Vous.

JAVOTTE.

Lui ?

MATHURIN.

Lui.

               LE BAILLI.

LE BAILLI.

Mon fils ?

MATHURIN.

Oui, Monfieur, par ma foi,
Il faut qu'il foit à vous, car il n'eft point à moi.
Ce n'eft pas encor tout vous êtes en famille,
Car Javotte eft fa Sœur & partant votre fille.

LE BAILLI.

Approchez mes Enfans !

JANNOT *courant embraffer fon Pere.*

Maudit foit du bâton.

LE BAILLI.

Le beau coup de théatre ! embraffe-moi, Mignon !

SCENE XXII.

LE BAILLI, JANNOT, JAVOTTE, MATHURIN, ARLEQUIN, *Suite.*

ARLEQUIN.

Qu'on arrête Jannot ; & qu'au Bailli malade
On donne de bon vin une double rafade.

LE BAILLI.

Mais le trait eft nouveau ! de quel droit ce fripon
Vient-il faire le maître ainfi dans ma maifon ?

JANNOT *pleurant.*

Pourquoi donc m'arrêter ? hélas ! mon très-cher
Pere
Si je vous ai roffé, lui feul me l'a fait faire.

F

JAVOTTE.

Oui, lui feul a donné cet ordre rigoureux.

ARLEQUIN.

Soldats, obéiſſez.

JANNOT.

Me voilà bien chanceux.

JAVOTTE.

Non, laiſſez-là mon frere, ou je vous déviſage.

ARLEQUIN.

Javotte obéiſſez ; c'eſt pour votre avantage.
Quand Thomet vous protége, il ferait mal à vous
De vouloir vainement irriter ſon courroux.
Rien n'eſt perdu pour vous: ſouvenez-vous, ma mie,
Qu'il eſt par fois heureux d'être jeune & jolie.

SCENE XXIII.

JAVOTTE, LE BAILLI, MATHURIN.

LE BAILLI.

ILs s'en vont, Mathurin? & moi, comme un
   nigaud,
Je ſouffre qu'à ma barbe on enléve Jannot.

MATHURIN.

Il ne faut pas jetter l'manche après la cognée,
Ils n'ont pas, comme on dit, encor ville gagnée.

LE BAILLI.

Soutiens mes pas, allons...je créve de dépit,
J'aurais ma foi mieux fait de reſter dans mon lit.

SCENE XXIV.
JAVOTTE, THOMET.

Thomet arrête Javotte qui suit son pere.

JAVOTTE.

JE vois le diable ! où fuir ?

THOMET.

Paix ; n'ayez point de crainte ,
Si je parais ici , c'est pour parler sans feinte.
Tout ce brouillamini qui vous remplit d'effroi ,
Javotte , est un mystére entre mon diable & moi.
Ne pleurez point Jannot , oubliez sa mémoire ;
En vous donnant la main je vous couvre de gloire.
En faveur de l'éclat de ce minois fripon ,
Je veux de ma splendeur vous prêter un rayon.
Allons , qu'à mes bontés ce petit cœur réponde ,
Et songez que je dois d'autres Thomets au monde.

JAVOTTE *les deux poings sur ses hanches.*
Voilà donc où tendaient tant de secrets divers ?
Va , sans moi tu peux bien infecter l'univers.
Jusqu'ici ton nom seul a fait trembler Javotte ,
Le voile est déchiré ; je ne suis plus si sotte.
Que ne puis-je au carcan t'attacher de ma main.
Moi-même t'étriller d'un osier inhumain.
Puisse tout le Village armé pour ton supplice ,
Recompenser dans peu ta fourbe & ta malice !
Puissais-je quelque jour te voir gaillardement
A deux piés des pavés amuser le passant ! . . .

Pour te prouver enfin l'amour que je te porte,
Je fouhaite, ma foi... que le Diable t'emporte.

THOMET.

» On m'a trahi! Tremblez. Vous....

SCENE XXV.

THOMET, JAVOTTE, ARLEQUIN,
Suite.

ARLEQUIN.

On fait tout, Thomet.
Si tu crains le licol, prépare ton paquet.
Je fais pour décamper une route fecrette,
Pendant qu'il en eft tems délogeons fans trom-
    pette,
Les Payfans inftruits de notre trahifon,
Malgré moi de Jannot ont forcé la prifon.
Tout s'arme, tout s'émeut: une foule incroyable,
Elevant contre toi des hurlemens de Diable,
D'un air déterminé, de leur trifte bailli
Porte fur un brancard l'individu meurtri.
Jannot eft à leur tête, & ne ceffant de braire,
Il s'écrie en pleurant, *j'ai raffé mon cher Pere!*
Comme un petit lutin il s'eft lancé fur moi.
On me jette la pierre, & l'on jure après toi.
Ceux même qui devaient nous aider au pillage,
Contre toi déchaînés font le plus de tapage.

JAVOTTE.

Bon !

THOMET.

» Eh bien, que crains-tu ?

ARLEQUIN.

Tu vois quelques marauds,
Méprisant comme toi la corde & les Bourreaux,
Qui viennent poliment, par pure bienséance,
Montrer ici leur nez & payer de prestance.

THOMET *leur fait faire l'exercice.*

» Seul je les défendrai . . . Formez le Bataillon...
Serrez les rangs ... Marchez ... Environnez-moi ...
Bon.

ARLEQUIN.

Le Bailli vient. Voilà notre Scéne de crise.
Je ne sais trop comment finira l'entreprise.

SCENE DERNIERE.

THOMET, ARLEQUIN, *sa Suite d'un côté,*
LE BAILLI *porté sur un brancard,*
JANNOT, *& les Paysans de l'autre,*
JAVOTTE *au milieu,* MATHURIN.

LE BAILLI *à ses Porteurs.*

Marchez plus doucement, je suis las du trajet.

JANNOT *un bâton à la main, courant sur*
Thomet, & s'arrêtant tout court.

Peuple, vengez mon Pere, & courez sur Thomet,

JAVOTTE *le pouſſant par derriere.*

Encor un pas de plus tu le tuerais peut-être.

THOMET.

Faquins, nés pour me ſuivre, écoutez votre maître.

LE BAILLI.

Courage, mes amis, tombez dru ſur ſon corps.

JANNOT *faiſant des S S.*

Il a raiſon... j'y vais... je bâille... je m'endors.

Il tombe endormi au milieu du Théatre.

THOMET.

Ainſi tombe à mes piés quiconque aura l'audace
D'oſer un ſeul moment me regarder en face.
Effrontés Payſans, qui m'oſez attaquer,
Au milieu des écueils qui vous fait embarquer?
Le diable m'a donné ſa puiſſance & ſon foudre;
Je n'ai qu'à dire un mot & vous êtes en poudre.

Il fait partir quelques fuſées qu'il a dans ſa main & les
Payſans tombent ventre à terre.

LE BAILLI.

Au diable les poltrons! Eh, ne voyez-vous pas
Que ce qui dans ſa main a fait tant de fracas,
N'eſt que poudre à canon artiſtement preſſée?
Quoi! vous tremblez, nigauds, au bruit d'une
    fuſée?

Les Payſans ſe relevent, & regardent avec frayeur Jannot
étendu par terre.

JAVOTTE *courant à Jannot.*

Jannot.

LE BAILLI.

Jannot!

JAVOTTE.

Hélas! ton bras n'est-il puissant
Que pour battre ton Pere endormi sur un banc!

THOMET.

Vous lui parlez en vain ; vers le sombre rivage
Il est par mon pouvoir allé faire un voyage.

JAVOTTE.

Etes-vous mort, Jannot ?

LE BAILLI *à Thomet.*

Ah, traître!

MATHURIN.

Non, Monsieur,
Il dort & rien de plus : j'ai tout su de la Fleur.
C'est ce maroufle-là, qui, tantôt par adresse,
A mêlé dans son vin une liqueur traîtresse....
Çà s'appelle ... attendez ... oui, du jus de pavot :
Mais pour le reveiller j'ons-là ce qu'il nous faut.

*Il tire une phiole de sa poche, la met sous le nez de Jannot
qui se reveille, & reprend son bâton. Les Paysans animés
par son exemple en font autant, & courent après la Suite
de Thomet qui prend la fuite.*

LE BAILLI *à Thomet.*

La méche est découverte, & je te ferai pendre.

ARLEQUIN *à Thomet.*

L'ami, sauve qui peut, sot qui se laisse prendre.

THOMET.

Viens, mon cher Arlequin, allons en d'autres
  lieux
Duper avec adresse un peuple moins fougueux :
Et ne tentons jamais d'avantures pareilles ;

Heureux fi nous pouvons emporter nos oreilles.

MATHURIN.

Je fommes donc enfin maîtres de la maifon?
Tatiguié que de bruit fans reime ni raifon.

Aux Spectateurs.

Si vous êtes, Meſſieurs, contens de notre zéle,
C'eſt ainfi qu'on reçoit une Piéce nouvelle.

F I N.

www.ingramcontent.com/pod-product-compliance
Lightning Source LLC
LaVergne TN
LVHW011359170726
843501LV00006B/1912